WHO CARES
ABOUT OUR COLORS?

¿A QUIÉN LE IMPORTAN
NUESTROS COLORES?

1st edition MAMMAL SERIES
vol. 2
1ª edición Serie de mamíferos

Text & photos by CAROL CREAGER

Who Cares about Our Colors
Variegated Squirrels
All Rights Reserved.
Copyright © 2020 Carol Creager
v1.0 r1.1

The opinions expressed in this manuscript are solely the opinions of the author and do not represent the opinions or thoughts of the publisher. The author has represented and warranted full ownership and/or legal right to publish all the materials in this book.

This book may not be reproduced, transmitted, or stored in whole or in part by any means, including graphic, electronic, or mechanical without the express written consent of the publisher except in the case of brief quotations embodied in critical articles and reviews.

Outskirts Press, Inc.
http://www.outskirtspress.com

ISBN: 978-1-9772-2907-6

Cover and Interior Photos by: Carol Creager. All rights reserved - used with permission.

Outskirts Press and the "OP" logo are trademarks belonging to Outskirts Press, Inc.

PRINTED IN THE UNITED STATES OF AMERICA

Dedicated to my compassionate cousins Ardy (Ardyce) and Chuck Paff, who accompanied me to Guatemala and took warm clothing to our waiter and his family. They lost their home in the big earthquake and were living in a tent in a park in the capital.

Dedicado a mis primos Ardy (Ardyce) and Chuck Paff, que me acompañaron a Guatemala y volvieron a llevar ropa contra el frío a nuestro mesero y su familia. Ellos perdieron su casa en el terremoto grande y estaban viviendo en una tienda en un parque en la capital.

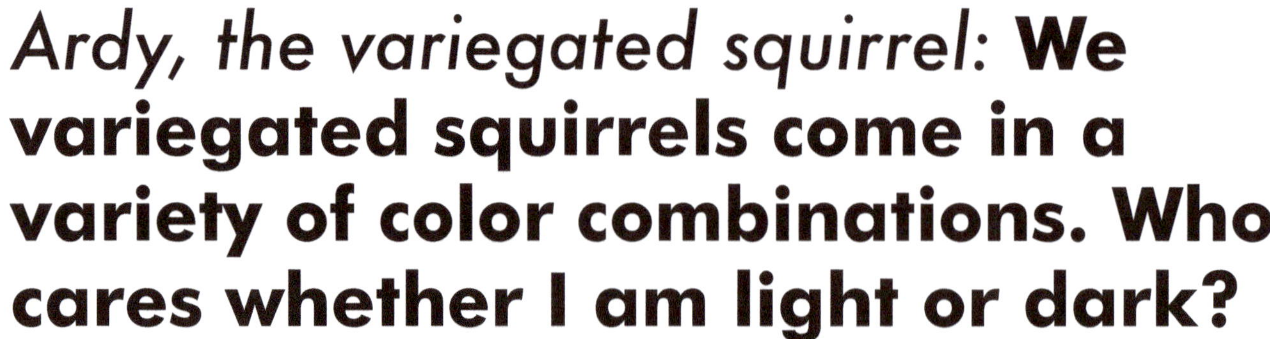

Ardy, the variegated squirrel: **We variegated squirrels come in a variety of color combinations. Who cares whether I am light or dark?**

Ardy, la Ardilla: **Nosotros tenemos una variedad de combinaciones de colores. ¿A quién le importa si soy clara u oscura?**

Ardy: **Why are you taking photos of me?**

Ardy: **¿Por qué estás sacando fotos de mí?**

Carol: **Because you are so beautiful with your three colors. Where I live, there are no squirrels like you.**

Carol: **Porque eres tan bella con los tres colores. Donde vivo, no hay ardillas así.**

Ardy, la Ardilla: **You're right. Other squirrels aren't so colorful.**

Ardy: **Tienes razón. Las otras familias de ardillas no tienen tantos colores.**

Carol: **I am taking photos of you to put in a book. Other people ought to see your beauty.**

Carol: **Estoy sacando fotos de ti para meter en un libro. Otras personas deben ver tu belleza.**

Ardy: **Do you notice how agile I am? I have adapted to fences out of necessity. I don't like them.**

Ardy: **¿Notas qué ágil soy? He adaptado a las cercas del alambre de espino por necesidad. No me gustan.**

Ardy: *Ardy:* **I feel much safer when I am not on the ground; therefore, I have to travel on fences and posts.**

Ardy: **Me siento más segura cuando no estoy en el suelo; por eso tengo que viajar en las cercas.**

Ardy: **People have cut down so many trees in so many places. Life today is more difficult, but we have to adapt in order to survive.**

Ardy: **La gente ha cortado tantos árboles en tantos sitios. La vida hoy es más difícil, pero tenemos que adaptar para poder sobrevivir.**

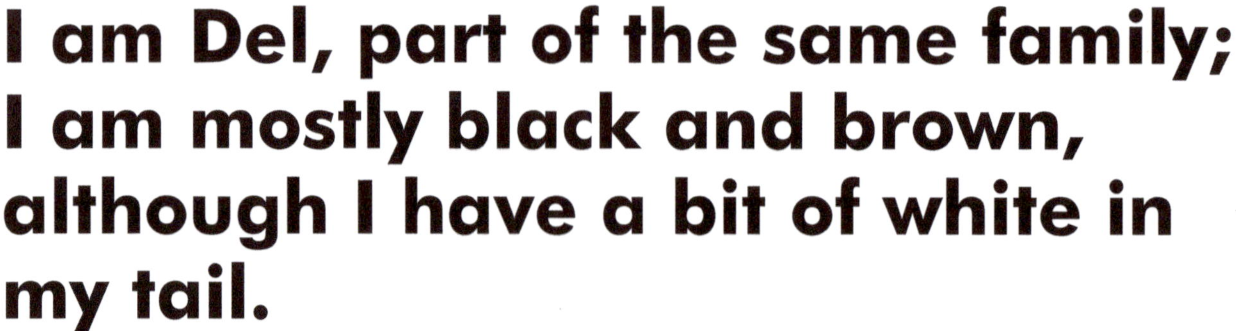

I am Del, part of the same family;
I am mostly black and brown,
although I have a bit of white in
my tail.

Yo soy Del, parte de la misma familia; soy negra y parda con un poquito de blanco en la cola.

Del: **Who cares what colors I display? I am the same species, with the same abilities and talents as Ardy. I can do everything Ardy can do; all I have to do is to keep working and reaching for my goals.**

Del: **¿A quién le importa qué colores muestro? Soy de la misma especie, con todas las habilidades y talentos que tiene Ardy. Puedo hacer todo que Ardy puede hacer; sólo tengo que seguir trabajando y alcanzando hacia mis metas.**

Chuck: **I am delighted that our squirrel species has so many different patterns.**

Chuck: **Me alegro de que nuestra especie de ardilla tenga tantos diseños diferentes.**

Chuck: **We are exactly the same except for our fur colors.**

Chuck: **Somos completamente iguales con la excepción de nuestra piel.**

Ardy: **Can I jump? I can almost fly.**

Ardy: **¿Puedo saltar? Casi puedo volar.**

Ardy: **You probably thought only flying squirrels could "fly". I do have a bushy tail and light body.**

Ardy: **Es probable que dudaras que yo pudiera «volar». Tengo una cola grande y un cuerpo de poco peso.**

Ardy: **I am searching for tasty leaves. Does that surprise you?**

Ardy: **Estoy buscando hojas sabrosas. ¿Te sorprende?**

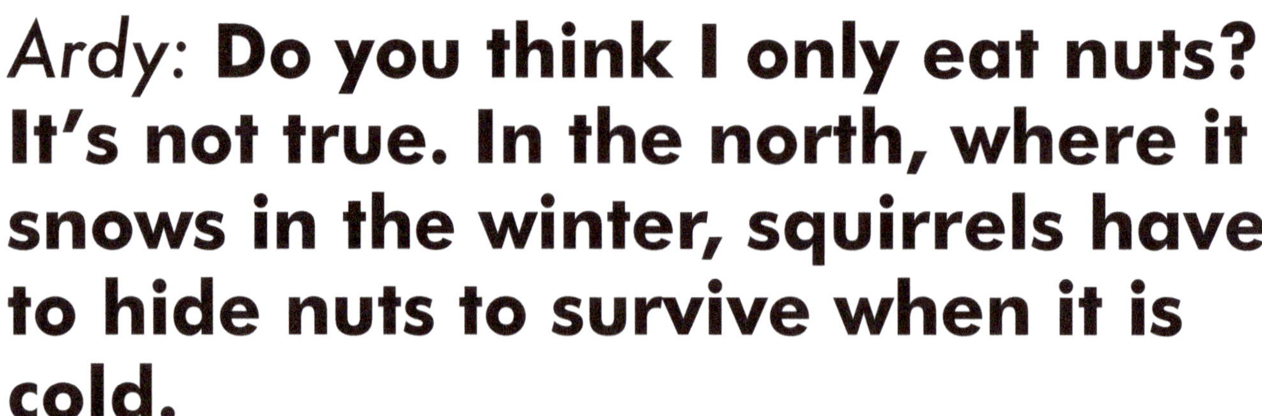

Ardy: **Do you think I only eat nuts? It's not true. In the north, where it snows in the winter, squirrels have to hide nuts to survive when it is cold.**

Ardy: **¿Crees que sólo tomo nueces? No es verdad. En el norte, donde nieva en el invierno, las ardillas tienen que esconder nueces para sostenerse cuando hace mucho frío.**

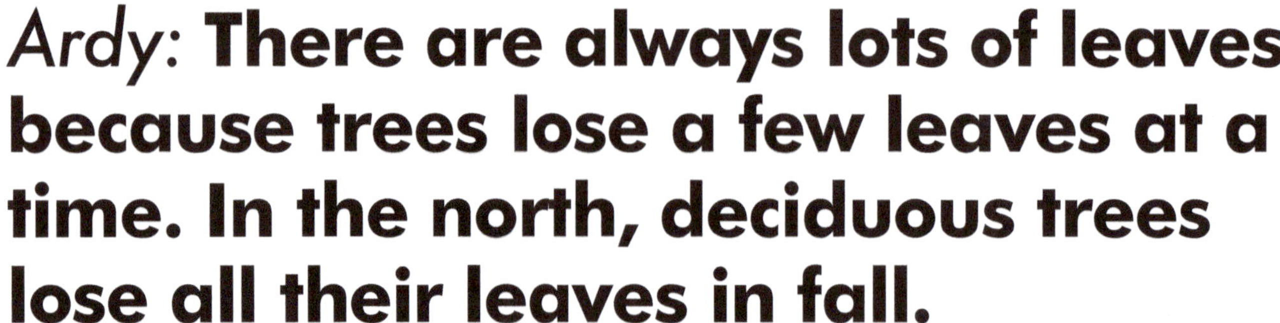

Ardy: **There are always lots of leaves because trees lose a few leaves at a time. In the north, deciduous trees lose all their leaves in fall.**

Ardy: **Siempre hay muchas hojas porque los árboles pierden unas hojas a la vez. En el norte los árboles caducifolios pierden todas las hojas en el otoño.**

Ardy: I really like to eat fruit. Here there is fruit all year long.

Ardy: **Me gusta mucho comer frutas. Aquí hay frutas todo el año.**

Del: I eat insects and eggs besides fruit and nuts. I even eat coconuts.

Chuck: **Como insectos y huevos además de frutas y nueces. Aún como cocos.**

Chuck: **How can we eat coconuts? Our front teeth keep growing as long as we live. Really? Don't your teeth keep growing?**

Chuck: **¿Cómo podemos comer cocos? Los dientes enfrente siguen creciendo todo el tiempo durante nuestra vida. ¿De veras? ¿Tus dientes no siguen creciendo?**

Del: **We sleep on a bed of leaves where a branch forks to hold us or perhaps in a hole in the tree.**

Del: **Dormimos en una cama de hojas donde separa una rama en dos o quizá un agujero en un árbol.**

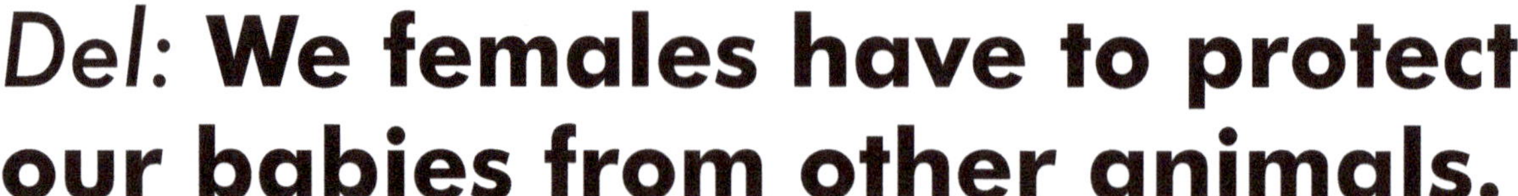

Del: **We females have to protect our babies from other animals.**

Del: **Nosotras tenemos que proteger a nuestra familia de otros animales.**

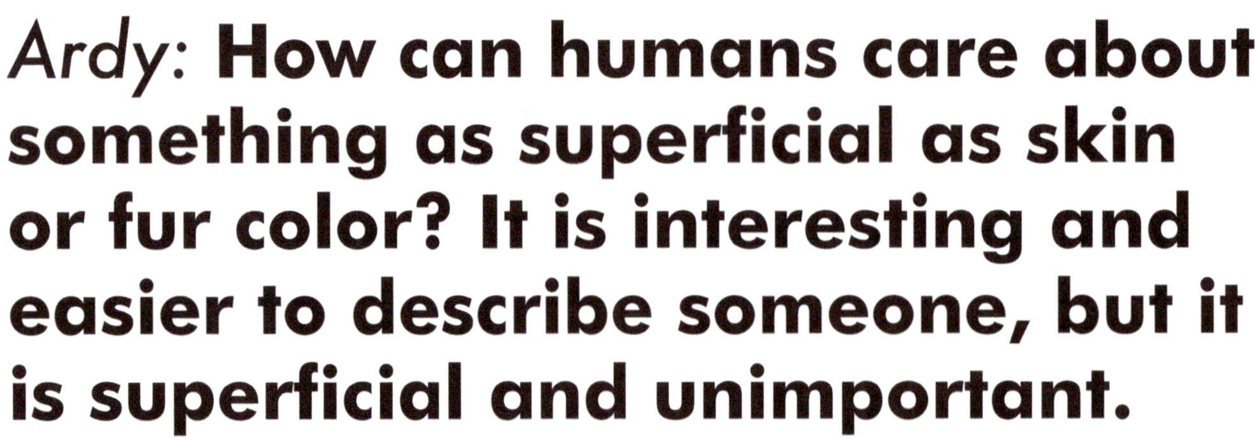

Ardy: **How can humans care about something as superficial as skin or fur color? It is interesting and easier to describe someone, but it is superficial and unimportant.**

Ardy: **¿Cómo les importan a los seres humanos algo tan superficial como los colores de** *la piel? Es interesante y más fácil para describir alguien, pero no es importante.*

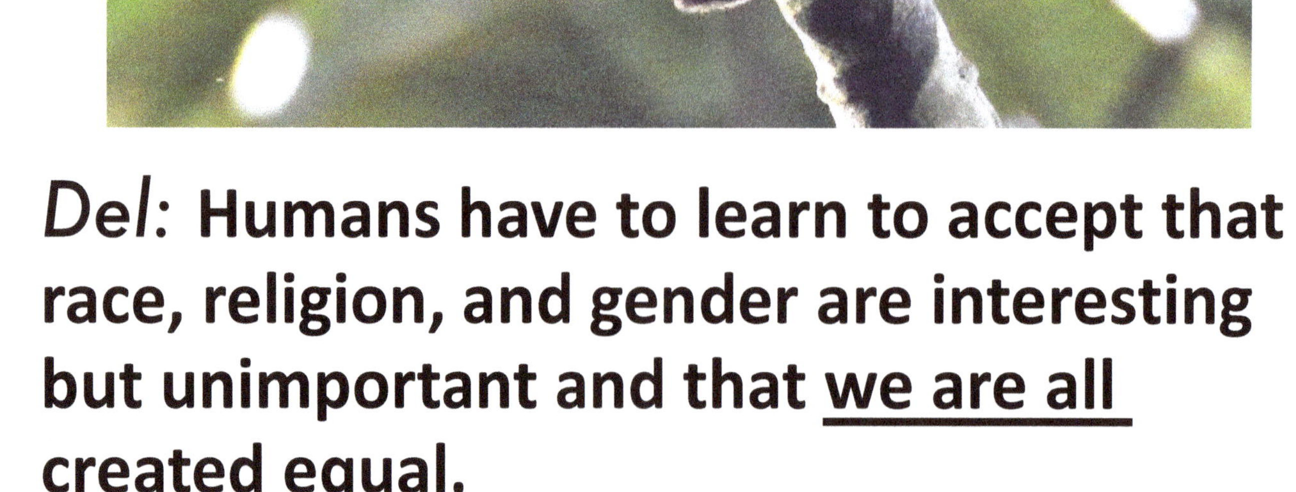

Del: **Humans have to learn to accept that race, religion, and gender are interesting but unimportant and that <u>we are all created equal.</u>**

Del: **Los humanos tienen que aceptar que la raza, la religión, y el género son interesantes pero no importantes y que <u>todos nosotros fuimos creados iguales.</u>**

Del: **When I say that it is important to consider that all of us are important in the world, I include wild animals and birds, as well as all people.**

Cuando digo que es esencial considerar que todos seamos importantes en el mundo, incluyo a los animales y aves que vivimos en el bosque, además de toda la gente.

www.ingramcontent.com/pod-product-compliance
Lightning Source LLC
Chambersburg PA
CBHW040403240726
48664CB00013B/1718